Dirk Garthe

AUFTANKEN,
BEVOR DIE SEELE STREIKT

*Kraftquellen finden,
wenn alles zu viel wird*

BRUNNEN
Verlag Giessen · Basel

4. Auflage 2010

© 2009 Brunnen Verlag Gießen
www.brunnen-verlag.de
Umschlagfoto: Corbis, Düsseldorf
Umschlaggestaltung: Sabine Schweda
Illustrationen: Dirk Garthe (S. 4: gezeichnet
nach einer afrikanischen Holzplastik)
Satz: DTP Brunnen
Herstellung: CPI – Ebner & Spiegel, Ulm
ISBN 978-3-7655-4052-3

INHALT

Für alle, die mich bisher ermutigt haben

1. Tu deiner Seele etwas Gutes

Wie Sie gut mit Ihrer Seele umgehen

> *Sei nun wieder zufrieden, meine Seele!*
> Psalm 116,7 (L)

> *David befand sich in einer schwierigen Lage.*
> *Da suchte David Zuflucht bei seinem Gott, und*
> *das Vertrauen auf ihn gab ihm wieder Mut und*
> *Kraft.*
> 1. Samuel 30,6

Es war ein eher peinlicher Akt der Verzweiflung. Besucher eines Stockholmer Schifffahrtsmuseums werden noch heute Zeugen eines Untergangs, der sehr nachdenklich macht.

Im Dreißigjährigen Krieg lag Schweden unter dem damaligen König Gustav II. Adolf unter anderem im Krieg gegen Polen. Wegen dieser Bedrohung ließ Gustav Adolf 1625 ein hochmodernes Kriegsschiff bauen, die Vasa – ein Prestigeobjekt sondergleichen, bestückt mit 64 Kanonen, deren Feuerkraft der gesamten polnischen Flotte gleichkommen sollte. Nun hatte Gustav Adolf erfahren, dass der Feind ein ähnlich großes Schiff bauen ließ. So entschied er sich kurzerhand, auf dem Schiffsdeck noch einmal die gleiche Menge an Kanonen zu installieren wie bereits im unteren Batteriedeck standen. Die Feuerkraft sollte verdoppelt werden.

Gesagt, getan – doch das Ergebnis war verheerend! Beim versuchten Auslaufen sank das gewaltige Schlachtschiff noch im Hafenbecken. Die gesamte Statik des Schiffes war durch das zusätzliche Kanonendeck außer Kontrolle geraten. Das Schiff hatte nicht mehr genügend Tiefgang!

So erinnerten schließlich nur noch die ca. 15 Meter hoch aus dem Wasser ragenden Masten an dieses ehrgeizige Rüstungsprojekt, bis auch sie aus Wut über diesen gescheiterten Einsatz schließlich abgesägt wurden!

Wie ein Sinnbild für unser Leben erscheint mir der Untergang der Vasa. Auch wir „rüsten" nicht selten kräftig auf im Leben, versuchen durch immer mehr Einsatz den wachsenden Anforderungen an uns gerecht zu werden. Schmerzlich machen wir dann aber die Erfahrung, dass wir in manchen Krisen den Kopf seelisch nicht mehr über Wasser halten können. Die Kanonen glänzen zwar, das Deck wird fleißig geputzt, aber o weh: Das Schiff hat ja gar nicht genügend Tiefgang!

Kennen auch Sie z. B. das Gefühl, ausgebrannt zu sein? Sie haben alles gegeben und doch die Erfahrung gemacht, in der Fülle der Anforderungen „unterzugehen"? Oft lässt sich dieses Gefühl zunächst auch gar nicht so klar benennen. Wir spüren eine schleichende Unzufriedenheit, die uns innerlich zerfrisst. Es scheint nicht wirklich vorwärtszugehen, obwohl wir uns alle Mühe geben, das Tempo „im Hamsterrad" unseres Lebens noch zu beschleunigen. Zwar spüren wir unbestimmt, dass etwas nicht stimmt, mühen uns aber trotzdem verzweifelt ab, *noch mehr* zu schaffen und zu leisten. Es wird ja schließlich von allen Seiten von uns erwartet, als starke, erfolgreiche Persönlichkeiten aufzutreten, die siegreich auf den Wogen des Lebens dahingleiten. Doch wer beachtet dabei eigentlich, dass dazu ein gewisser Tiefgang notwendig ist? Wer hilft uns dabei, die nötigen *Voraussetzungen* dafür zu schaffen, dass wir nach außen hin stark und den Belastungen dauerhaft gewachsen sind?

Um diesen Tiefgang geht es in diesem Buch. Es soll unser Lebensschiff quasi noch einmal in das Trockendock ziehen, um in aller Ruhe eventuelle Statikprobleme unseres Lebens korrigieren zu können.

Lassen Sie sich einladen zu einem Mini-Urlaub für die Seele, zum befreienden Aufatmen an einer Oase mitten im Alltag. Gönnen Sie sich diese Zeit! Vielleicht suchen Sie sich dazu bewusst einen Ort der Stille aus, einen Ort, an dem Sie sich so richtig wohlfühlen, an dem Sie nicht so rasch abgelenkt werden. Da, wo es um unsere seelische Hygiene geht, sind gerade diese äußeren Faktoren entscheidend!

Vielleicht legen Sie sich dazu eine wohltuende CD mit entspannender Musik ein. Ein angenehmer äußerer Rahmen *allein* hat schon eine enorm heilsame Wirkung!

⇨ Fragen Sie sich zunächst bewusst: *„Wie viel Zeit nehme ich mir für meine seelsorgerliche Auszeit?"* Wird es etwa eine Stunde sein, ein ganzer Nachmittag, ein Tag – oder gar mehrere *Tage* an einem für Sie inspirierenden Ort? Klären Sie den äußeren Rahmen, denn nur dann hat Ihre Seele auch wirklich die Chance, ganzheitlich aufzuatmen und den nötigen Tiefgang zu gewinnen.

In der Bibel wird immer wieder auf die Dringlichkeit solcher Auszeiten für die eigene Seele hingewiesen. So heißt es von David: Als er in großer Bedrängnis war und die Seele des ganzen Volkes erbittert war, „da suchte David Zuflucht bei seinem Gott, und das Vertrauen auf den Herrn gab ihm wieder Mut und Kraft" (1. Samuel 30,6).

In den Psalmen werden wir Zeugen regelrechter Zwiegespräche eines Betenden mit der eigenen Seele (vgl. z. B. Psalm 42,6; 62,6; 103,1.2 oder 116,7).

Auch im Neuen Testament werden beispielsweise ein entmutigter Timotheus oder die Ältesten von Ephesus dazu aufgerufen: „Achte auf dich selbst!" (1. Timotheus 4,16; Apostelgeschichte 20,28).

Die Bibel fordert uns regelrecht dazu auf, selbst gut für unsere Seele zu sorgen! Jesus Christus selbst, der allerbeste Seelsorger, lädt Sie zu Erholungszeiten für Ihre Seele ein: „Kommt alle her zu mir, die ihr euch abmüht und unter eurer Last leidet! Ich werde euch Ruhe geben" (Matthäus 11,28).

Bitte verstehen Sie mich nicht falsch: So für die eigene Seele zu sorgen hat nichts mit Selbstbespiegelung zu tun! Vielmehr geht es um praktische Hilfestellungen und Impulse, emotionale Krisen zu verstehen, zu bewältigen und seelischen Problemen vorzubeugen. Es kann hilfreich sein, das Gespräch mit einem Seelsorger zu suchen. Aber wir können auch selbst eine ganze Menge tun, um unsere Seele möglichst gesund zu erhalten. Die Fülle an säkularer Selbsthilfeliteratur (mit wertvollen, aber auch z. T. fragwürdigen Ansätzen) erinnert uns an Aussagen der Bibel, für die wir als Christen leider oft „betriebsblind" geworden sind. Besonders die anschauliche Praxisnähe vieler solcher Selbsthilfebücher darf uns wieder neu daran erinnern, dass gute Bücher praktische Lebensbegleiter sind, die nicht dazu geschrieben werden, um sich von Ihnen am Bücherregal zu verabschieden. Gott macht uns

Mut, *ganz konkret* einen guten und wohltuenden Umgang mit der eigenen Seele einzuüben und sie wieder neu im Alltag zu verankern!

Daher ist dieses Buch bewusst „interaktiv" aufgebaut. Im Mittelpunkt stehen Grundfragen unserer seelischen Gesundheit, die in den einzelnen Kapiteln erläutert und vertieft werden. So lädt dieses Buch zu einem beständigen und regelmäßigen Gebrauch ein.

Nebenbei sei hier bemerkt: Neue wissenschaftliche Studien haben ergeben, dass die Form der gezielten Lesetherapie, beispielsweise im Bereich der gedanklichen („kognitiven") Aufarbeitung, nachweislich gute therapeutische Wirkungen erzielt! Hier bieten sich erstaunliche Möglichkeiten, gezielt der eigenen Seele Gutes zu tun!

Der Ansatz dieses Buches ist bewusst *ganzheitlich* gestaltet: Es soll nicht nur der Gefühls- und Empfindungsbereich geklärt werden. Es sollen darüber hinaus unsere damit verbundenen Denkschemata, Bewertungen und Überzeugungen bewusst werden. Es werden nicht nur *Ursachen* entschlüsselt und Probleme behandelt, sondern gleichzeitig motivierende und sinnvolle Ziele und Gewohnheiten für die Zukunft gewonnen und in ersten Schritten entwickelt. Ganzheitlich ist dieser Ansatz nicht zuletzt darin, dass auch äußere Faktoren, wie etwa die Gestaltung eines guten Ortes für einen Mini-Urlaub für die Seele, eine entscheidende Rolle für einen bekömmlichen Umgang mit uns selbst spielen. Alle diese in der Erfahrung erprobten Hilfen laden dazu ein, dass ein wohltuender, stärkender und bekömmlicher Umgang mit der eigenen Seele zu *Ihrer* konkreten Erfahrung wird – einer Erfahrung, die befreiend und ermutigend wirkt für *Leib, Seele und Geist*!

Für diesen *Aufbruch zur Ermutigung* wünsche ich Ihnen Gottes Segen und eine gute Reise.

> *Mach aus mir einen Menschen, der einem Schiff mit Tiefgang gleicht.*
> ANTOINE DE SAINT-EXUPÉRY

1. Wie viel Zeit nehme ich mir für meinen Mini-Urlaub für die Seele?

_____

_____

_____

2. Wo kann ich wirklich ungestört sein?

_____

_____

_____

3. Wie möchte ich meinen „Urlaubsort" gestalten?

_____

_____

_____

2. DER EIGENEN SEELE LUFT MACHEN

Willkommen im „Gefühlsnebel"!

> Erst wollte ich dir, Herr, meine Schuld verheim-
> lichen. Doch davon wurde ich so schwach und
> elend, dass ich nur noch stöhnen konnte.
> PSALM 32,3

Stinkende Schwefeldämpfe zogen durch meine Nase. Das Atmen wurde schwerer. Die Schritte stockten. Zusammen mit einer holländischen Wandergruppe erkletterte ich die steile Lavawand des „Anak Krakatau" (indon.: *Kind des Krakatau*), die Überreste des gewaltigen Vulkans zwischen Java und Sumatra. Wo ich jetzt keuchend emporkletterte, spielte sich vor gut 100 Jahren eines der gewaltigsten Infernos der Naturgeschichte ab. Der Ausbruch des Vulkans 1883 war begleitet von einer Explosion, die noch in knapp 5000 Kilometern zu hören war! Die Folgen: Eine bis zu 35 Meter hohe Flutwelle und weit hinaus geschleuderte Asche, die sich auf der oberen Atmosphäre des gesamten Globus verteilte und noch nach Jahren Dämmerungserscheinungen hervorrief. Was für eine unermessliche Gewalt, die sich da aus der Tiefe Bahn brach!

Immer noch versetzen die ausführlichen Berichte des Ausbruchs von 1883 Menschen in Ehrfurcht und Schrecken. Auch mich beschlich ein mulmiges Gefühl (erst recht, als es nur wenige Monate nach meiner Stippvisite wieder zu einer gefährlichen Eruption des *Anak Krakatau* kam)!

Unweigerlich kommen mir bei der Erinnerung an diesen Ehrfurcht erregenden Besuch Gedanken an Ausbrüche ganz anderer Art: Auch in uns gibt es gewaltige Kräfte und Gefühle, die tief in unserem Inneren schwelen, oft lange unerkannt oder verdrängt, aber umso gefährlicher und unabsehbarer in ihren Folgen, wenn sie sich schließlich Bahn brechen! Die dauerhafte Unterdrückung dieser Gefühle macht uns krank, führt zu destruktiven Entwicklungen und seelischen Ausbrüchen.

Deshalb ist es gut, der eigenen Seele einmal bewusst *Luft machen* zu dürfen. Lange nicht Beachtetes ans Licht zu bringen und aus seinem Schattendasein zu befreien, entlastet spürbar bis hinein in körperliche Zusammenhänge und Empfindungen (vgl. z. B. Psalm 32,3).

Etwas schmunzelnd denke ich an den Satz, den ein Seelsorger mir wiederholt sagte: „Spucken Sie's einfach aus. Ich sortier's später!" Was sich auf den ersten Blick recht banal anhören mag, ist ein notwendiger erster Schritt, um den eigenen Gefühlen ehrlich auf die Spur zu kommen. Denn wirklich *klären* und damit bewältigen lässt sich dauerhaft nur das, was auch zuvor *konkret benannt* wurde.

Deshalb die Einladung zu diesem *ersten*, heilsamen *Schritt* zu einem bekömmlichen Umgang mit der eigenen Seele:

⇨ *Machen Sie sich Luft!* (Vielleicht auch im wahrsten Sinne des Wortes an der *frischen* Luft!) *Haben Sie dabei den Mut, Ihren persönlichen „Gefühlsnebel" zu betrachten.* Schreiben Sie in diesem ersten Schritt einfach einmal alles auf, was Sie im Augenblick belastet! Stellen Sie sich die Frage: *Was liegt mir auf dem Herzen?* (Kümmern Sie sich nicht darum, wie wenig spruchreif das Ganze vielleicht klingen mag!) Hier dürfen Sie sich, wie gesagt, einfach Luft machen und sich alles Unklare, Belastende, Schwelende von der Seele schreiben – unsortiert. Der Rest folgt später!

Hier, wie auch in den weiteren Schritten, profitieren Sie am meisten, wenn Sie es sich zur Gewohnheit machen, Ihre Überlegungen *schriftlich* festzuhalten! Nur das, was laut ausgesprochen oder schriftlich formuliert wird, lässt sich auch greifen und damit nachhaltig klären.

Es sind diese klar benannten „Signale des Herzens", die uns bestimmen, ob wir sie nun wahrnehmen und benennen oder etwa verdrängen. Ein *unentdeckter* Feind kann jedoch mehr Schaden anrichten als einer, um dessen Existenz und Position man weiß!

Und wie befreiend ist es, sich wirklich einmal auf diese Weise Luft machen zu *dürfen*! Gerade in der heutigen Berufswelt ist eher der nüchterne, kühlere („coole") Typ gefragt, der die Kunst gemeistert hat, Gefühle erfolgreich zu verdrängen und nur in bestimmten, nicht selten von den Medien propagierten Bereichen auszuleben (und dort leider nicht selten bis zum Exzess). Aber die Kosten einer solchen Lebensweise kommen häufig in anderen Lebensbereichen deutlich zum Vorschein. Manche so meisterhaft „stoisch" verdrängte Emotionen warten regelrecht nur auf ihren „Ausbruch". Gefühlsneutralität, Gleichgültigkeit bis hin zur inneren Leere sind zwar zunächst einleuchtende „Bewältigungsstrategien"; in Wahrheit aber sind es höchst dringliche Alarmsignale einer ernsthaften Erkrankung der Seele.

*Die Fluten der Meere toben und tosen, sie brüllen
ihr mächtiges Lied. Doch stärker als das Donnern
gewaltiger Wasser, größer als die Wogen des Meeres ist der Herr in der Höhe!*

PSALM 93,4

Deshalb die Einladung: Kommen Sie *Ihrer* „Logik des
Herzens" auf die Spur. Die Bibel, ein Buch voller Gefühle, will Ihnen dabei helfen.

Was sind das für heilsame Ausbrüche, wenn beispielsweise gebetet wird: „Rette mich, Gott, das Wasser steht
mir bis zum Hals! Ich versinke im tiefen Schlamm; meine
Füße finden keinen Halt mehr. Die Strudel ziehen mich
nach unten, und die Fluten schlagen schon über mir zusammen. Ich habe mich heiser geschrien und bin völlig
erschöpft, der letzte Hoffnungsschimmer ist erloschen ..."
(Psalm 69,2-4a).

Oder: „Herr, ich bin völlig am Ende. Darum schreie
ich zu dir!"(Psalm 130,1).

Der leidende Hiob ruft: „Nein – ich kann nicht schweigen! Der Schmerz wühlt in meinem Innern. Ich lasse meinen Worten freien Lauf, ich rede aus bitterem Herzen" (Hiob 7,11).

„Mein Leben ekelt mich an! Darum will ich der Klage freien Lauf lassen und mir die Bitterkeit von der Seele reden" (Hiob 10,1).

Als ob der Beter von Psalm 32 über die heute so verdrängten Gefühle und die damit verbundenen funktionellen Störungen wusste, ruft er: „Denn als ich es wollte verschweigen, verschmachteten meine Gebeine durch mein tägliches Klagen" (Psalm 32,3; L).

In Jesus scheint Gott selbst jede menschliche Träne mitzuweinen, jeden geäußerten und jeden verborgenen Schrei der Seele am Kreuz herauszuschreien.

Wir haben einen Gott voller Gefühle! Bei ihm dürfen wir alle unsere Gefühle benennen, dürfen vor ihm ausbreiten, wie es uns gerade zumute ist. Vor ihm dürfen wir ganz ehrlich sein und unsere auf Leistung gedrillte Maske einmal ablegen, wie es Paulus getan hat (vgl. 2. Korinther 12,9ff). Gerade da, wo er an seine Grenzen kam, begegnete ihm Gottes Gnade ganz neu.

Diese Erfahrung beschreibt auch der Beter von Psalm 131: „Ich bin zur Ruhe gekommen. Mein Herz ist zufrieden und still. Wie ein Kind in den Armen seiner Mutter, so ruhig und geborgen bin ich bei dir!" Was für ein befreiendes Bild: Ein Kind, das in den Armen seiner Mutter, seines Vaters schluchzt, das dort im wahrsten Sinne des Wortes wieder aufatmet!

Nachdem Sie sich (am besten schriftlich!) einmal „frei heraus" Luft gemacht haben, bietet es sich nun in einem *zweiten Schritt* an, *speziell einen Blick auf Ihre Gefühle* zu werfen und diese zu artikulieren.

⇨ Fragen Sie sich: Was fühle ich im Augenblick gerade? Was erlebe ich emotional (bzw. in der entsprechenden Situation)?

Da wir es oft nicht gewohnt sind, Emotionen differenzierter zu beschreiben, folgt hier eine Liste, die uns helfen kann, negativen Gefühlen gezielter auf die Spur zu kommen.

Einige Umschreibungen am Beispiel von negativen Gefühlen:

Ich bin verärgert (wütend, zornig, angewidert, empört, entrüstet, erbost, gereizt, „mir platzt der Kragen", „Mein Barometer steht auf Sturm", ich bin erzürnt, fühle Groll, bin mürrisch, grimmig, unzufrieden, gekränkt, verletzt, „(stink)sauer", geladen, verstimmt, außer mir, grantig, missgestimmt, missgelaunt, aufgebracht, verbittert ...)

Ich habe Angst (Panik, Heidenangst, bin erschrocken, beängstigt, verängstigt, beunruhigt, furchtsam, unbehaglich, fürchte mich, ich befürchte, scheue mich, mir graut, bin geschockt, verwirrt, ich bange, bin besorgt ...)

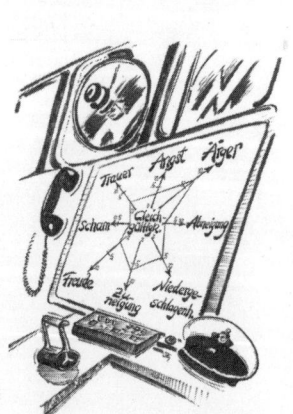

Ich fühle mich schuldig (beschämt, schlecht, peinlich berührt, minderwertig, habe ein schlechtes Gewissen ...)

Ich fühle mich hoffnungslos (verzweifelt, deprimiert, gebrochen, geknickt, ohnmächtig, mutlos, niedergeschlagen, resigniert, gedrückt, bedrückt, entmutigt, niedergedrückt, niedergeschmettert ...)

Ich fühle mich einsam (allein, mutterseelenallein, verlassen, zurückgewiesen, enttäuscht, abgelehnt ...)

Machen Sie Gebrauch von den verschiedenen Ausdrucksmöglichkeiten für die *Intensität* eines bestimmten Gefühls. Am Beispiel der Trauer: Angefangen vom leichten *Bedauern* – über die *Enttäuschung* – das *Mitleid* – über den *Kummer* bis hin zur intensivsten *Trauer* usw.

Sehr bewährt hat sich die Einschätzung der Gefühlsintensität durch eine konkrete Maßangabe. Zum Beispiel: Ich fühle mich *überarbeitet* (70%), *zurückgewiesen* (60%), *einsam* (85%).

Verabschieden Sie sich einmal vom allgemeinen Katastrophengefühl („Alles ist schrecklich!"). Konkretisieren und differenzieren Sie!

Nehmen Sie auch die körperlichen Begleiterscheinungen wahr. Je höher das Erregungsniveau der Emotionen, desto stärker werden auch die somatischen Auswirkungen z. B. in Form von Herzrasen, Schwitzen, Migräne, Zittern, Erröten usw. Nicht ohne Grund klagen wir beispielsweise: „Das schlägt mir auf den Magen." – „Ich fühle mich niedergeschlagen." – „Das zieht mich runter." – „Ich bin am Boden zerstört." Oder: „Das verschlägt mir die Sprache."

⇨ Je mehr wir lernen, gewissermaßen ein *Gefühl für das Gefühl* zu bekommen, desto eindrücklicher wird uns die Komplexität unserer Gefühlswelt bewusst.

Manche Menschen können bestimmten Gefühlen sogar mit Leichtigkeit bestimmte Farben, Gerüche, sogar eine Temperatur oder einen Geschmack zuordnen.

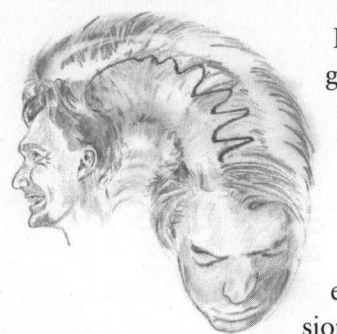

Entwickeln auch Sie ein „Fingerspitzengefühl" im Benennen Ihrer Gefühle!

Nachdem Sie Ihrer Seele einmal frei heraus Luft gemacht und dann in einem zweiten Schritt etwas genauer die jeweilige Gefühlsdimension beleuchtet und differenziert haben, folgt nun der *dritte Schritt*:

⇨ Führen Sie sich den *konkreten Auslöser* für Ihr Befinden, für Ihre aktuelle Gefühlslage vor Augen. Welche äußeren Ereignisse oder Situationen führten zu Ihrem aktuellen Empfinden?

Vielleicht hilft Ihnen folgender Vorschlag: Führen Sie im Alltag eine schriftliche „Kummerbox" mit sich! Das kann beispielsweise ein auswechselbarer Klebezettel in einem Zeitplanbuch sein. Notieren Sie darauf alles, was Sie während der Woche mitten im Alltag besonders belastet. Machen Sie ruhig fleißigen Gebrauch von Ihrer Kummerbox. Allein das stichwortartige Notieren der Enttäuschungen in Alltagssituationen hat eine sehr entlastende Funktion! Diese Gewohnheit bewahrt vor übertriebenem Grübeln und hilft dabei, die sonst häufig undefinierten und diffus bleibenden Gefühlslagen zu benennen und wahrzunehmen. Die Sache ist erst einmal aufgeschrieben und wird zum gegebenen Zeitpunkt, z. B. beim nächsten Mini-Urlaub für Ihre Seele, aufgearbeitet: Die „Kummerbox" wird feierlich geleert!

Zurück zu meinem Krakatau-Besuch: Mit fachkundigem, erfahrenem Blick breitet Kapitän Schwarz seine reichlich gebrauchte Seekarte von den Gewässern rund um den Krakatau vor mir aus. Ich bekomme auf einmal einen sichtbaren Eindruck von den ursprünglichen Ausmaßen dieses ehemals gigantischen Vulkans. Von ihm schauen heute nur noch kleine Erhebungen aus dem Meer, nachdem der damals gewaltige Ausbruch dazu führte, dass der Vulkan wieder in die Tiefen des Meeres absank, wo er bis heute schlummert und wieder anwächst!

Unser Schiff gewinnt wieder an Fahrt. Die tropische Sonne versinkt wie ein glühender, majestätischer Ball am Horizont eines ruhigen Meeres. Immer noch gehen mir die bewegenden Bilder des Tages durch den Kopf. Erleichtert atme ich auf!

4. Was liegt mir gerade auf dem Herzen?

5. Was war die auslösende Situation?

6. Was genau fühle und erlebe ich dabei?

3. Die Macht Ihrer Gedanken

Der „Logik des Herzens" auf der Spur

> *Man muss sich durch die kleinen Gedanken, die*
> *einen ärgern, immer wieder hindurchfinden zu*
> *den großen Gedanken, die einen stärken.*
> Dietrich Bonhoeffer

Recht eindrücklich in Erinnerung ist mir die bewegende
Schilderung eines Indonesien-Missionars: Nach einem
Gemeindedienst stieß er mit seinem Boot von einer der
vor Sumatra gelegenen Inseln ab. Viele der einheimischen
Ältesten und Gemeindevorsteher standen noch am Strand
und winkten zum Abschied. Immer noch dachten sie an
die Frage des Missionars: „Welche Botschaft kann ich für
Deutschland mitnehmen? Was wollt ihr mir mitgeben?"

Völlig unerwartet sprang auf einmal einer von ihnen
ins Wasser hinein und versuchte noch so schnell wie möglich zum Boot zu waten. Dort drückte er dem Missionar
(es handelt sich dabei um meinen Bruder) zum Abschied
noch eine Perlmuschel in die Hand. Man spürte, dass
ihm dieses symbolhafte Abschiedsgeschenk sehr wichtig
war. Ohne eine nähere Erklärung zu geben, verschwand
er wieder. Es dauerte nicht lange, bis meinem Bruder ein-
leuchtete, welche tiefe Lebensweisheit dieser einheimi-
sche Mitarbeiter mit der Muschel weitergeben wollte.

Jeder indonesische Fischer weiß: Perlmuscheln liegen
am Meeresgrund und ihre Schalen sind nie ganz geschlos-
sen. Starke Strömungen, Sandwirbel und ein unruhiges

Meer sorgen immer wieder dafür, dass einzelne Sandkörner in das Innere der Muschel gelangen. Sie wüten in ihr als Fremdkörper und drohen die Muschel von innen zu zerreiben. Damit dies nicht geschieht, reagiert die Perlmuschel mit einer atemberaubenden Fähigkeit: Sie hüllt die Körner ein! So entstehen Perlen!

Was für eine Mut machende Botschaft überbringt diese Perlmuschel, wenn es darum geht, heilsam und gut mit der eigenen Seele umzugehen – eine Ermutigung auch angesichts mancher Katastrophenstimmungen im Alltag.

(Fragen wir uns: Was sind eigentlich *wirkliche* Katastrophen? Nutzen wir diesen Ausdruck nicht oft auf völlig übertriebene und unangebrachte Weise in unserem Alltag? So machen wir uns das Leben schwerer, als es in Wirklichkeit ist. Ich habe mir vorgenommen, bei Alltagsproblemen nicht mehr von „Katastrophen" zu sprechen, nachdem ich erfuhr, was sie wirklich bedeuten können: Dass z. B. nach dem verheerenden Tsunami von 2004 manche der oben genannten Inselgruppen heute gar nicht mehr existieren. Wie relativ wirken dagegen viele meiner angeblichen „Katastrophen".)

Unser Leben verläuft nicht sturm- und störungsfrei. Aber entscheidend ist, wie wir persönlich mit diesen Störungen und Belastungen umgehen! Und ein entscheidender Faktor dabei ist unsere Gedankenwelt.

Es wird gesagt, dass wir zehn Prozent der Störungen in unserem Leben *hilflos* ausgeliefert sind. So bleiben noch die neunzig Prozent an Belastungen, deren Konsequenzen für unsere innere Balance dadurch beeinflusst werden, *wie* wir mit diesen Belastungen umgehen. Dabei entscheiden oft innere Selbstgespräche, Denkgewohnheiten und

Grundüberzeugungen darüber, ob wir uns an den Belastungen wund reiben oder ob wir diese störenden Sandkörner „einhüllen", d. h. sie mit Gottes Hilfe in unser Leben integrieren und so zu „Perlen" werden lassen!

Fachleute staunen immer wieder über die einfache Tatsache, dass es nicht in erster Linie die Gefühle sind, die unser Denken beeinflussen, sondern dass vielmehr umgekehrt unsere Denkschemata darüber mitentscheiden, wie wir uns fühlen. Ganze therapeutische Schulen machen es sich zur Aufgabe, Menschen bei diesem entscheidenden Schritt zu helfen: die eigenen Denkgewohnheiten zu überprüfen und eine befreiendere Denkweise zu erlernen.

Befreien Sie sich von erdrückenden Gedanken!

Die 10 häufigsten Gedankenfehler

Eine Hilfe, unseren destruktiven Gedanken auf die Spur zu kommen, bietet die folgende Liste der 10 häufigsten Gedankenfehler. Für viele ist die Auflistung des kalifornischen Therapeuten David Burns ein unentbehrliches Werkzeug dafür geworden, eigenen schädlichen Denkgewohnheiten auf die Spur zu kommen[1]. Machen auch Sie sich damit vertraut – am besten in Ihrer Auszeit für die Seele – und nehmen Sie sie immer wieder zur Hand. Letztlich nehmen Sie dabei *sich selbst* an die Hand!

Die 10 häufigsten Gedankenfehler

1. Alles-oder-nichts-Denken (AoN): Sie sehen die Dinge übertrieben, schwarz-weiß. Statt beispielsweise zu sagen: „Ich habe einen einfachen Fehler gemacht", denken Sie: „Ich habe völlig versagt."

2. Übertriebenes Verallgemeinern (ÜV): Sie sehen ein einzelnes negatives Ereignis als ein Muster für eine nie endende Folge von Niederlagen. Beispiel: „Typisch, ich versage ja immer, und das wird auch so bleiben."

3. Mentales Filtern (MF): Das Positive wird schlichtweg ignoriert und herausgefiltert. Wie gebannt starren Sie auf das Negative.

---

[1] David Burns steht in einer Reihe mit den Begründern der sog. „Kognitiven Verhaltenstherapie", Albert Ellis und Aaron Beck. Die Aufarbeitung von irrationalen Gedankenmustern ist heute zu einem unverzichtbaren und effektiven Instrument in Seelsorge und Psychotherapie geworden.

4. *Abwerten des Positiven (AP):* Sie beharren auf der Annahme, dass Ihre Erfolge oder Ihre positiven Qualitäten gar nicht zählen.

5. *Voreiliges Schlussfolgern (VS):* Ohne schlüssige Beweise dafür zu haben, beurteilen Sie Dinge schlecht.

a. **Gedankenlesen (GL):** Sie gehen einfach davon aus, dass andere Menschen negativ von Ihnen denken und negativ auf Sie reagieren.

b. **Wahrsagen (WS):** Ohne berechtigte Gründe sagen Sie voraus, dass etwas eine negative Entwicklung nehmen wird. Beispiel: „Klappt ja *sowieso* nicht!"

6. *Übertreiben oder Untertreiben (Ü/U):* Wie bei einem Blick durch die eine und andere Seite eines Fernglases, werden Dinge völlig übertrieben *vergrößert* oder in ihrer Bedeutung unverhältnismäßig herabgespielt und *verkleinert*.

7. *Emotionales Argumentieren (EA):* Sie verlassen sich in Ihrem Argumentieren nur auf Ihre Gefühle: „Ich fühle mich wie ein Idiot. Also muss ich einer sein."

8. *„Sollte"-Aussagen (SA):* Sie kritisieren sich oder andere Menschen aufgrund von Dingen, die die Betreffenden nach Ihrer Meinung „sollten", „nicht sollten", „müssen/müssten" oder zu tun haben. Diese uns tief prägende Denkweise führt oft zu unnötigen Frustrationen, zu Ärger und Schuldgefühlen.

9. Abstempeln (A): Anstatt beispielsweise zu sagen: „Ich habe einen Fehler gemacht", reden Sie sich ein: „Ich bin ein Trottel, ein Versager!"

10. Schuld zuweisen (SZ): Sie beschuldigen sich für etwas, für das Sie nicht allein verantwortlich sind, oder Sie werfen anderen etwas vor und übersehen dabei Ihren eigenen Beitrag zur Entstehung des Problems.

Da wir uns an dieser Stelle unserer Auszeit für die Seele quasi einem „Gedanken-TÜV" unterziehen, ist es wichtig, dass Sie sich zunächst damit vertraut machen, unausgesprochene Gedanken und Überzeugungen zu artikulieren.

Negative Gedanken aufspüren ...

Sind Sie bereit für eine *kleine Übung?* (Wichtig auch hier: Machen Sie die Übung schriftlich! Glauben Sie mir, es bringt Ihnen am allermeisten.)

⇨ Sie sehen hier ein kleines Männchen, das betrübt seinen Weg geht. Irgendetwas belastet diese Person. Stellen Sie sich vor, *Sie* seien diese Person. Denken Sie beispielsweise an Probleme und Frustrationen, die Ihnen bei der Übung am Ende des vorangegangen Kapitels des Buches eingefallen sind. Suchen Sie sich *ein Ereignis* heraus. Versetzen Sie sich einen kurzen Augenblick wieder in diese Lage zurück!

⇨ Versuchen Sie nun einmal kurz aufzuschreiben, *was Sie in jenem Augenblick gedacht haben. Was ging Ihnen da gerade spontan durch den Kopf?* Schreiben Sie ruhig einige dieser Gedanken in die Sprechblase!

Vielleicht ist das für Sie zunächst sehr ungewohnt. Bald merken Sie aber, dass zuvor diffuse und nebelhafte Gedanken auf einmal konkret und fassbar werden. Genau hier setzen wir an!

⇨ Und nun zum nächsten Schritt. Haben Sie die Sprechblase schon ausgefüllt? Wenn Sie einen Gedanken (oder mehrere) notiert haben, untersuchen Sie ihn anhand der oben genannten Liste der zehn häufigsten Gedankenfehler! Schreiben Sie die Kürzel der festgestellten Gedankenfehler neben Ihren notierten Gedanken.

⇨ Korrigieren Sie nun diesen verzerrten Gedanken und schreiben Sie einen realistischeren daneben. Hier werden Sie ganz praktisch zum Seelsorger – an Ihrer eigenen Seele!

⇨ Machen Sie wiederholt einen solchen „Gedanken-Stopp": Halten Sie den spontanen, verzerrten Gedanken fest, bewerten Sie ihn und formulieren Sie dafür einen angemesseneren und zuversichtlicheren Gedanken. Gehen Sie nicht zu schnell über diese Aufgabe hinweg! Gerade *diese* Gedanken sind es, die sich im Alltag summieren, uns oft völlig unnötigerweise niederdrücken und nicht selten über längere Zeit hinweg zu gefährlichen Denkgewohnheiten und Grundüberzeugungen heranwuchern. Die Gefahr ist, dass wir diese Zusammenhänge zu schnell beiseiteschieben und meinen, wir wären hilflose Opfer unserer Stimmungen und schlechten Launen. In den meisten Fällen tragen wir durch unser Denken mehr dazu bei, als wir meinen!

Sind Sie bereit zu einer *zweiten Übung?*

⇨ Stellen Sie sich vor Ihren Spiegel und stellen Sie sich vor, Sie ständen vor Ihrem besten Freund, Ihrer besten Freundin. Sprechen Sie nun zunächst Ihren oben genannten spontanen Gedanken einmal laut aus. Jetzt reden Sie mit Ihrem Spiegelbild so wie mit Ihrem besten Freund!

Sie werden folgende Erfahrung während dieser Übung

machen: Oft legen wir einen völlig anderen Maßstab an, wenn wir mit einer anderen Person sprechen. Auf einmal ermutigen Sie sich, statt sich durch negative Selbstgespräche noch mehr zu belasten. Ermutigen Sie sich im Spiegel nun selbst! Diese Ermutigung kann zur reinsten Ermutigungsrede werden. Lassen Sie es zu – Sie sind es sich wert! Wenn kein anderer da ist, der Sie ermutigt, sind *Sie* an der Reihe!

Denken Sie dabei bloß nicht, das sei banal. Wenn die Not auf diesem Gebiet nicht so himmelschreiend groß wäre, wären therapeutische Praxen nicht derart überfüllt mit Menschen, die für viel Geld *eben genau diese befreienden Zusammenhänge lernen.*

Schon lange bevor die Wissenschaft diese Sachverhalte erforschte, finden wir in der Bibel heilsame Zwiegespräche mit der eigenen Seele und therapeutische Gedankenkorrekturen. Wie eine Überschrift darüber steht die ernsthafte Bitte: „Durchforsche mich, o Gott, und sieh mir ins Herz, prüfe meine Gedanken und Gefühle!" (Psalm 139,23).

Dann ermutigt oder ermahnt sich der Psalmbeter selbst: „Was betrübst du dich, meine Seele, und bist so unruhig in mir?" (Psalm 43,5a; L).

Oder: „Lobe, den Herrn, meine Seele, und vergiss nicht, was er dir Gutes getan hat" (Psalm 103,2; L).

Der gesunde Umgang mit der eigenen Seele wird in den Psalmen oft von dem kurzen, aber so „not-wendigen" Wort „aber" begleitet. Zum Beispiel im Psalm 94,19 (L): „Ich hatte viel Kummer in meinem Herzen, *aber* deine Tröstungen erquickten meine Seele." Oder: „Angst und

Not haben mich getroffen; ich habe *aber* Freude an deinen Geboten" (Psalm 119,143; L).

Die Bibel ermutigt uns zu diesem heilsamen Umgang mit unseren Gedanken. Paulus z. B. schreibt: „... ändert euch durch Erneuerung eures Sinnes ..." (Römer 12,2; L), d. h. „eures Denkens": „Alles menschliche Denken nehmen wir gefangen und unterstellen es Christus, weil wir ihm gehorchen wollen" (2. Korinther 10,5).

Gehen Sie Ihren Gedanken und Problemen auf den Grund

Manche unserer krank machenden Gedanken sitzen so tief, dass wir sie im wahrsten Sinne des Wortes erst einmal *ausgraben* müssen. Dies können wir beispielsweise tun, indem wir einem verzerrten Gedanken einmal gezielt auf den Grund gehen, etwa mit der Strategie der *Warum-Fragen.*

⇨ Wenn Sie einen spontanen Gedanken notiert haben, stellen Sie sich nun die Frage: *Wenn diese Aussage richtig wäre, warum wäre das so schlimm für mich? Was würde das für mich bedeuten?* Schreiben Sie sich die Antwort auf. Stellen Sie sich zu dieser Antwort die gleiche Frage noch einmal. Führen Sie diesen Schritt nun etwa fünf Mal hintereinander durch! Die letzte Antwort zeigt Ihnen oft sehr augenscheinlich eine tief liegende gedankliche Fehlhaltung (Etwa: „Ich wäre dann völlig wertlos und alleingelassen.")

Sie erkennen mit Hilfe dieser Fragetechnik, was für selbstschädigende Überzeugungen sich hinter manchem zunächst harmlos klingenden Gedanken verbergen! Gehen auch Sie Ihrem Problem und Ihren belastenden Grundüberzeugungen auf den Grund! Manchmal haben nicht nur unsere seelischen Missstimmungen, sondern auch ganz praktische Probleme in unserem Leben ihren Grund ganz woanders, als wir zunächst denken.

Ein berühmtes und preisgekröntes Hotelunternehmen hat die Strategie der *fünfmaligen Warum-Frage* entwickelt. Bei auftretenden Problemen und Mängeln wird die einfache Frage „Warum?" gestellt. Der gegebenen Antwort wird die gleiche Frage wieder gestellt, und das Ganze fünf Mal! Auf diese Weise werden Ursachen entdeckt, auf die man zunächst nie gekommen wäre. Eine sehr einfache Methode, die aber manchen Problemen wirklich auf den Grund geht und sie an der Wurzel packt. Stellen Sie sich ruhig auch einmal bei bestimmten Problemen die *fünfmalige Warum-Frage*. Tun Sie das ruhig *spielerisch*, und sehen Sie darin nicht ein selbstzermürbendes „Wundenlecken", sondern vielmehr ein überraschendes Entdeckungsspiel! Dann können Sie richtig ansetzen, wenn Sie auch Ihren Problemen und Gedanken einmal auf den Grund gehen.

☞

7. Was für automatische Gedanken kommen/kamen mir (in der Situation von Frage 5 und 6)?

8. Inwiefern sind diese Gedanken möglicherweise unrealistisch? (Ich überprüfe sie anhand der „Liste der 10 häufigsten Gedankenfehler".)

Ich korrigiere meine Gedanken und formuliere daraus einen realistischeren und zuversichtlicheren Gedanken:

9. Ich gehe meinem Problem-Gedanken auf den Grund:
a) Wenn mein unter 7. genannter Gedanke wahr wäre, warum wäre das so schlimm für mich? (Diese Frage stelle ich der jeweiligen Antwort fünf Mal hintereinander!)

b) Was könnten Ursachen meines Problems sein? (Ich stelle mir die fünfmalige Warum-Frage, d. h. wenn ich eine Ursache gefunden habe, stelle ich dieser Ursache wiederum die Warum-Frage, das Ganze fünf Mal!)

Der blinde Fleck – etwa auch bei mir?

Seien Sie beim Thema Gedanken und Grundhaltungen ehrlich zu sich und Gott! Sich der eigenen Fehlhaltungen bewusst zu werden, mag zunächst unangenehm sein. Wir alle verdrängen das Wissen um die eigenen Schattenseiten ja allzu gerne, denn wir erkennen auch eigene *Schuldanteile*.

Vielleicht können Sie sich diesem Bereich durch folgende Frage einmal von einer zugegebenermaßen etwas ungewohnten Seite annähern: Was würden Sie einem Freund/einer Freundin empfehlen zu tun, um Ihr augenblickliches Problem zu bekommen? Und was wäre Ihr Ratschlag?

Legen Sie einmal alle Ihre Schutzmasken ab. Mancher blinde Fleck, manche konkrete Schuld wird uns vielleicht erst in der Stille bewusst. Auch sie sitzt nicht immer dort, wo wir sie spontan vermuten. Blicken Sie auch hier *hinter* das Offensichtliche. Legen Sie alles ab, denn übertriebene Schuldgefühle, Grübeleien und Skrupel sind keine guten Ratgeber!

Wenn wir uns mit unserem eigenen Fehlverhalten, einer möglichen Schuld oder einem Versagen auseinandersetzen, können wir feststellen, dass manches sichtbare Verhalten nur das Symptom einer viel tiefer liegenden Grundhaltung Gott gegenüber ist, einer Grundhaltung, die sich in vielen der oben genannten Denkgewohnheiten konkretisiert.

„Durchforsche mich, o Gott, und sieh mir ins Herz, prüfe meine Gedanken und Gefühle!" (Psalm 139,23) ist die dringende Bitte um ehrliche Selbstwahrnehmung. Benennen Sie Ihre Schattenseiten und schuldhaften Motive vor Gott. Denn nur die Fehlhaltungen, die mir bewusst sind, kann ich auch korrigieren. Gott will mich ja verändern – und von den Lasten meiner emotionalen und gedanklichen Irrwege befreien.

Gott liebt Sie, und zwar bedingungs- und grenzenlos! Dies anzunehmen, schafft paradoxerweise erst den heilsamen Raum zur notwendigen Veränderung. Doch wie oft verkrampfen wir uns, weil wir nur den zweiten Schritt gehen wollen, statt erst einmal vorbehaltlos zu empfangen. Ist es vielleicht Stolz oder auch ein ggf. frommer Perfektionismus, der uns daran hindert? Bis ins Körperliche hinein spüren wir die Folgen einer solchen Grundhaltung, wie das z. B. David ausdrückt, als er schließlich seine Schuld Gott bekennt: „Erst wollte ich dir, Herr, meine Schuld verheimlichen. Doch davon wurde ich so schwach und

elend, dass ich nur noch stöhnen konnte. Tag und Nacht bedrückte mich dein Zorn, meine Lebenskraft vertrocknete wie Wasser in der Sommerhitze " (Psalm 32,3.4).

Vielleicht hilft es Ihnen auch, sich bildhaft die Vergebung bewusst zu machen. Verbrennen Sie z. B. Ihren „Schuldschein" oder legen Sie ihn in Form eines Steines ab. (Auf einem Pilgerweg soll es bereits Berge solcher Steine geben!)

Zu glauben, dass wir rein gar nichts tun und leisten können, damit Gott uns *mehr* liebt, aber auch wirklich nichts tun können, damit er uns *weniger* liebt, ist eine Erfahrung, die unsere Seele in ihrer Tiefe heil und froh machen kann! Laufen Sie in Ihrer Auszeit in die offenen, bedingungslos liebenden Arme Gottes. Lassen Sie sich vergeben, befreien und von ihm lieben!

Werfen Sie Sorgen und Schuld über Bord!

10. *Was würde ich einem Menschen empfehlen zu tun, um dasselbe Problem zu bekommen wie ich?*

11. *Wo finde ich Schuld bei mir, die Gott mir vergeben will?*

12. *Welche Fehlhaltungen oder Fehlhandlungen kann ich korrigieren? Welche konkreten Schritte kann ich dazu tun?*

Vom Denken zum Danken

Wir sind in einer Zeit der Stille unserem *Denken* auf die Spur gekommen. Von hier aus wollen wir uns auch dem Danken nähern. Wir merken, wie schon rein sprachlich beides miteinander verwandt ist. Kaum etwas anderes hat eine solche befreiende Wirkung auf unser Denken und Fühlen wie das Danken!!

Die (logo)therapeutische Aufforderung in einer Gruppensitzung: *„Sie dürfen jetzt über alles reden, aber nicht über ihr Problem!"* – eine sog. „Dereflexion" – ist, so paradox sie sich anhören mag, schon manchem zum Anstoß der Heilung geworden.

Starren Sie nicht nur auf das Belastende. Schauen Sie auch einmal auf die *Ausnahmen,* auf Zeiten, in denen Sie nicht beschwert sind. Fragen Sie sich: *Wann habe ich das Problem denn mal nicht? Was ist in diesen Zeiten anders?*

Warum fällt es uns nur so schwer zu danken? Wir suchen Tankstellen, aber nicht die *Dank-Stellen.* Wir sind nicht aufzuhalten im Klagen, und wie sprachlos sind wir erst beim Danken. In einem bekannten Kanon heißt es: *„Froh zu sein bedarf es wenig, und wer froh ist, ist ein König!"* Tun wir uns gerade deshalb so schwer mit dem Danken, weil es zu dieser Dankbarkeit so *wenig* bedarf? Warum müssen sich Menschen diese Dankbarkeit erst therapeutisch teuer verschreiben lassen, bevor ihnen aufgeht, wie viel freisetzende Heilung im Danken steckt! Die Bibel fordert uns regelrecht dazu auf, Dankbarkeit einzuüben: „Ich will den Herrn loben und nie vergessen, wie viel Gutes er mir getan hat" (Psalm 103).

Erst im Danken können wir das *Wünschenswerte* vom *Notwendigen* unterscheiden.

Beim Danken geht es nicht in erster Linie um das antrainierte und brav zitierte: „Sag mal Danke!" Vielmehr werden wir eingeladen, neu das *Staunen* zu lernen.

⇨ Wovon können Sie von ganzem Herzen sagen: *Darüber freue ich mich?* Zählen Sie in einer Liste (am besten schriftlich!) mindestens zehn Dinge auf, für die Sie gerade dankbar sind oder über die Sie sich wirklich freuen. Sie werden staunen, was da alles zutage tritt!

⇨ Zählen Sie dann in einer weiteren Liste fünf Gaben und Fähigkeiten auf, die Gott Ihnen geschenkt hat. Das ist ein Stück Arbeit, denn erfahrungsgemäß fallen uns zu allererst nicht unsere Stärken, sondern im Gegenteil die eigenen Mängel ein. Konzentrieren Sie sich aber jetzt ganz auf Ihre Stärken!

Augustinus hat gesagt: „Die Seele nährt sich von dem, woran sie sich freut."

Manch einem ist das Führen eines Dank-Tagebuchs zu einem großen Segen geworden.

Immer wieder lädt die Bibel uns ein, unsere „seelische Vorratskammer" mit Dank und Staunen zu füllen:

> *Wie gut ist es, dir, Herr, zu danken, und dich, du höchster Gott, zu besingen.*
> PSALM 92,2

> *Preist den Herrn, denn er ist gut, und seine Gnade hört niemals auf!*
> PSALM 106,1

> *Im Namen unseres Herrn Jesus Christus dankt Gott, dem Vater, zu jeder Zeit, überall und für alles!*
>
> EPHESER 5,20

> *Dankt Gott für alles.*
>
> 1. THESSALONICHER 5,18

Ähnlich wie die Aufschrift „Dem Wahren, Schönen, Guten" an der Frankfurter Oper die Gedanken eben auf diese Dinge richten will, empfiehlt Paulus der Gemeinde in Philippi: „...Orientiert euch an dem, was wahrhaftig, gut und gerecht, was redlich und liebenswert ist und einen guten Ruf hat, an dem, was auch bei euren Mitmenschen als Tugend gilt und Lob verdient" (Philipper 4,8).

Üben Sie sich in Mental-Hygiene und pflegen Sie in Ihrem Leben den Sinn für „das Wahre, Schöne, Gute".

Nutzen Sie die Auszeit für Ihre Seele zur *Mental-Hygiene*, d. h. zur Reinigung Ihres seelisch-geistlichen Innenlebens. Legen Sie sich eine „seelische Hausapotheke" an, angefüllt mit Dingen und Erfahrungen, die Sie froh machen. (Das können z. B. Ihre Lieblings-CDs sein, Urlaubserinnerungen oder Dinge, auf die Sie sich bereits im Voraus freuen, die besondere Freude an einem Menschen, an einer Sendung, einer Glaubenserfahrung, kleine und große Erfolgserlebnisse, die Freude über die Entdeckung eines neuen, heilenden Umgangs mit Ihrer Seele usw.)

Sie werden staunen, wie Dankbarkeit auch Ihr Leben verändert!

⇨ Auch wenn es sich zunächst absurd anhören mag: Vergessen Sie nicht zu danken für die Lösung Ihres augenblicklichen Problems – die Lösung nämlich, die Sie jetzt noch gar nicht sehen! Der Psalmbeter betet: „Was betrübst du dich, meine Seele, und bist so unruhig in mir? Harre auf Gott; *denn ich werde ihm noch danken,* dass er meines Angesichts Hilfe und mein Gott ist" (Psalm 42,12; L).

Freuen Sie sich und danken Sie jetzt schon für die Lösung Ihres Problems, selbst wenn Sie die noch nicht konkret erkennen können!

Dankbarkeit zu erleben, sich darin zu üben, ist eine zutiefst *geistliche Erfahrung.*

Im Griechischen ist das Wort Danken verwandt mit dem Wort *Gnade.* (Sichtbar ist diese Verbindung beispielsweise in dem Wort „Eucharistie": *Charis* (griech.) für Gnade, *eucharisteo = „ich danke".*) Danken ist Gnade! Denn ganz umsonst, „gratis" (von lat. *gratia,* die Gnade) werden wir mit so viel beschenkt! Gerade, während wir uns noch dauernd einreden: „Ich müsste, ich sollte ..." oder: „Hätte ich doch ...", machen wir, wenn wir einmal auf die Suche gehen nach Gründen zum Danken, die erstaunliche Entdeckung: Was haben wir nicht alles geschenkt bekommen, *ohne* unsere ständige Bemühung? *Gnade* ist es, dies zu erkennen und sich darüber zu freuen.

Letztlich schenkt sich *Gott selbst uns* in Jesus Christus und im Heiligen Geist! Dieser Geist ist es, der am tiefgreifendsten unser Denken heilen kann. Fangen wir doch gleich an mit dem Danken – gratis! Und wundern Sie sich nicht: Aus manchem k. o. wird dann ein o. k.

Eine solche „Denk- und Dank-Therapie" lässt auch Ihre Seele wieder aufatmen!

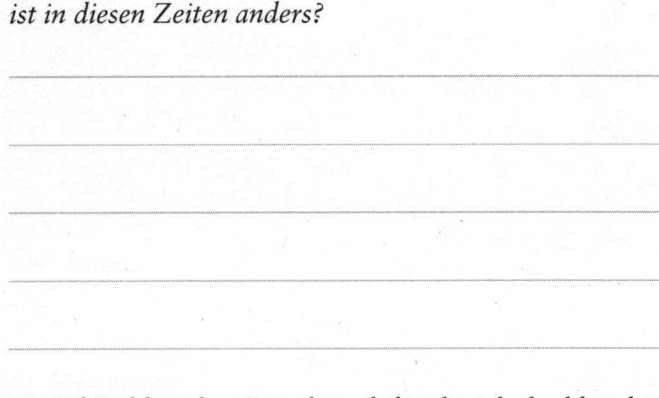

13. *Wann habe ich mein Problem eigentlich nicht? Was ist in diesen Zeiten anders?*

14. *Ich zähle zehn Gründe auf, für die ich dankbar bin und über die ich mich richtig freue:*
Ich bin dankbar für … /Ich freue mich über …

1

2

3 _____

4 _____

5 _____

6 _____

7 _____

8 _____

9 _____

10 _____

15. Ich zähle fünf persönliche Stärken oder Erfolgserlebnisse auf:

Ich bin mit folgenden Gaben und Fähigkeiten beschenkt:

1 _____

2 _____

3 _____

4 _____

5 _____

4. DAS TRÄUMEN NICHT VERSÄUMEN!

Höhenluft für Ihre Seele

> *Kein Wind ist dem günstig, der nicht weiß, wohin er segeln will.*
>
> MICHEL DE MONTAIGNE

„Es kam schon vor, dass wir mit dem Schiff mitten auf hoher See waren – kein Land in Sicht –, und trotzdem sahen wir irgendwo einen Leuchtturm, Landstriche und Ähnliches." Etwa so beschrieb mir ein erfahrener Kapitän ein merkwürdiges Phänomen. Was sich wie aus einem Märchenbuch anhört, ist doch Realität für die, die sich mit Luftspiegelungen auf hoher See auskennen: Ein Leuchtturm, unendlich weit entfernt, doch über die Erdkrümmung hinweg gespiegelt und auf scheinbar mysteriöse Weise in erreichbare Nähe gerückt!

Könnte es sein, dass uns im Alltag dieser Blick nicht manchmal auch ganz guttäte? Nicht in dem Sinn, dass wir uns falsche Tatsachen vorspiegeln lassen wollen. Aber als Anregung dazu, doch einmal den Blick über unser augenblickliches Problem hinaus in die Ferne zu richten. Wie oft kreisen wir nämlich nicht lieber permanent um unsere Probleme, grübeln Tag und

Nacht, bis schließlich alles in und um uns nur noch ein Problem zu sein scheint?

In der Seelsorge hat sich eine therapeutische Frage bewährt, die auch als die sogenannte „Wunderfrage" oder „Vermeidungsfrage" bekannt ist. „Stellen Sie sich vor, Sie würden morgen früh aufwachen, und ein großes Wunder wäre geschehen: Ihr augenblickliches Problem wäre völlig verschwunden! Wie würden Sie sich dann verhalten?"

Auch wenn Sie sich durch diese Frage vielleicht erst recht ins Reich der Märchen und Fata Morganas versetzt fühlen, lassen Sie sich einmal darauf ein. Sie werden staunen, wie realistisch im Gegenteil diese Frage ist und wie heilsam sie sich auswirkt!

Wir wechseln wie auf eine völlig neue Umlaufbahn. Eine heilsame kreative Fantasie wird angeregt, eine Sichtweise, die schon völlig vergraben schien. Der Blick über das bestehende Problem hinaus füllt uns mit inneren Bildern, die uns aufblicken und aufatmen lassen. Die „Wunderfrage" lässt uns einen Augenblick wohltuend stutzen, denn schließlich muss es doch darum gehen, eine *Lösung* für unser Problem zu finden, das uns permanent beschäftigt. Aber dass es auch ein konkretes Leben *nach* dem Problem gibt, verlieren wir dabei aus dem Blick. Die Antwort auf die „Wunderfrage" macht bewusst: Ich habe schon jetzt, obwohl mein Problem noch nicht gelöst ist, viel mehr Möglichkeiten, als ich dachte. Meine Symptome verfolgen einen Zweck. Ich stecke zwar noch mitten im Problem und darf doch gleichzeitig schon wie ein Adler darüber hinwegschweben und ins Weite blicken.

Ich erinnere an Psalm 42: „Was betrübst du dich meine

Seele, und bist so unruhig in mir? Harre auf Gott; *denn ich werde ihm noch danken,* dass er meines Angesichts Hilfe und mein Gott ist" (L).

Dietrich Bonhoeffer schreibt: *Man muss sich durch die kleinen Gedanken, die einen ärgern, immer wieder hindurchfinden zu den großen Gedanken, die einen stärken.*

So sinnlos uns viele unserer Probleme auch erscheinen, es liegt an uns, ob wir uns dauerhaft in der Rolle des wehrlosen Opfers einrichten oder aber ganz neue Sinnperspektiven entdecken lernen.

Viktor Frankl, der berühmte Wiener Arzt und Begründer der Logotherapie, der schon unzähligen Menschen Mut zum Leben machte, stand selbst am Abgrund von Tod und Sinnlosigkeit. Von den Nazis ins KZ deportiert, verlor er dort auf grausame Weise seine ganze Familie! Ein entsetzliches Leid, auf das es keine „wundersamen" Antworten gibt.

Doch mitten im Elend ist Frankl Zeuge der „Trotzmacht" des menschlichen Geistes! Noch unter demütigender Zwangsarbeit, entsetzlichen Repressalien und Entbehrungen aller Art leidend, stellte er sich gedanklich vor, er befände sich in einem großen, wohlig-warmen Raum. Eine große Hörerschaft säße dort vor ihm, in friedlicher Atmosphäre gespannt zuhörend, wie Frankl ganz genau erklärt, was er *jetzt gerade* in diesem Augenblick an entsetzlichen Leiden und Demütigungen erduldet. Dieser Blick auf eine – in jenem Augenblick eigentlich völlig undenkbare – Zeit jenseits des gegenwärtigen Elends weckte in ihm Sinn, Hoffnung und eine Kraft für den Augenblick, die ein Starren auf das Problem nie möglich gemacht hätte!

⇨ Visualisieren auch Sie in Ihrer Fantasie schon die Zeit jenseits Ihres Problems! Stellen Sie sich diese Zukunft möglichst konkret und bildhaft vor. Danken Sie Gott schon jetzt für die Lösung, die es wirklich gibt, auch wenn Sie diese vielleicht noch nicht sehen.

Auch wenn wir, Gott sei Dank, in aller Regel nicht den extremen Lebenssituationen eines Viktor Frankl ausgesetzt sind, kennen wir dennoch den endlos erscheinenden Kreislauf von Sinnlosigkeit, Schaffenslähmung, Demotivation, Minderwertigkeitsgefühlen, Mangel an Erfolgserlebnissen und wiederum Sinn- und Ziellosigkeit …

Gerade jetzt gilt: Haben Sie Mut zu träumen! Der bekannte Theologe Helmut Thielicke schreibt: *Jede schöpferische Leidenschaft in unserem Leben lebt von der Fähigkeit, träumen zu können.*

Träume und sinnvolle, mutige Ziele motivieren, bauen auf und stärken die Seele.

*Haben Sie Mut
zu träumen!*

Was wäre die Welt ohne die Träume der Männer und Frauen, die noch mitten in ihren ungelösten Problemen steckten und bereits in leuchtenden Visionen Zukünftiges geschaut und mutige Schritte zur Verwirklichung unternommen haben? Mit ihrem inneren Weitblick waren sie ihrer Zeit meilenweit voraus!

Der große Pioniermissionar Ludwig Nommensen, der auf Sumatra vielfältige Widerstände überwand und nur knapp dem Tod entkam, berichtete von seinem ersten Besuch: *Im Geiste sehe ich schon überall christliche Gemeinden, Schulen und Kirchen. Ich sehe Gärten und Felder, auf jetzt kahlen Höhen ... Noch mehr, ich schaue sumatranische Prediger und Lehrer auf allen Kanzeln und Kathedern ... Sie werden behaupten, ich fantasiere. Ich sage: Nein, nein, das stimmt auf keinen Fall. Mein Glaube schaut das alles, es muss, es wird so kommen ...*

Johann Wolfgang von Goethe erkannte: *Unsere Wünsche sind Vorgefühle der Fähigkeiten, die in uns liegen, Vorboten desjenigen, was wir zu leisten imstande sein werden.*

Es wurde im Zusammenhang von derartigen Fragestellungen schon sehr treffend von der sogenannten *Höhen-Psychologie* im Gegensatz zur traditionellen *Tiefen-Psychologie* gesprochen. Es reicht eben auf die Dauer *nicht* aus, nur in unsere Abgründe zu blicken.

Gott hat uns Menschen mit der besonderen Fähigkeit ausgestattet, nicht resignieren zu müssen, sondern hoffen zu dürfen.

Ein plastisches Beispiel verdeutlicht dies: Im Herrscherpalast von Teheran gibt es einige der schönsten Mosaikarbeiten der Welt. Die Decken und Wände spiegeln das Licht wie Diamanten wider. Ursprünglich plante der Architekt riesige Glasspiegel für die Wände. Doch als die erste Schiffsladung mit den Spiegeln aus Paris eintraf, entdeckte man mit Entsetzen, dass alle Spiegel zertrümmert waren! Völlig niedergeschlagen ließ der Bauherr den Scherbenhaufen entsorgen und teilte diese deprimierende Nachricht dem Architekten mit. Zum Erstaunen aller ließ sich der Architekt die zerbrochenen Scherben erneut anliefern! Alle zerbrochenen Spiegel sollten in *noch kleinere* Teile gebrochen und diese dann an den Wänden angebracht werden. So entstand ein prächtiges, einzigartig leuchtend-spiegelndes Mosaik! Völlig zerbrochen, aber gerade durch das Zerbrechen hindurch zur vollendeten Schönheit erhoben!

Es sind oft die rauen Wege, die unsere Seele stärken – das wissen auch die Landwirte: Es sind die *rauen, holprigen* Feldwege, die nach kräftigem Durchschütteln die *großen* Kartoffeln im Anhänger nach oben befördern. So kann auch manches „Durchschütteln" in unserem Leben Großes zum Vorschein bringen!

Friedrich von Bodelschwingh, der sich während der Zeit des Nationalsozialismus stets für die Würde des Menschen einsetzte, schrieb: *Aus scheinbar schwersten Lasten schafft Gott neue Möglichkeiten.*

Chinesen besitzen nicht umsonst für das Wort „Krise" *zwei* Schriftzeichen: „Problem" *und* „Chance"! Sie wissen, es sind gerade *diese* neuen Chancen, die es in unserem Problem zu entdecken gilt.

Wir dürfen nach vorn blicken. Gott fragt auch unser Herz. Manche sind durch ihre Prägung eher zurückhaltend darin, ehrlich eigene Wünsche und Visionen zu äußern. Und gerade hierin liegt oft unser Problem. Natürlich gilt es, Wünsche zu prüfen. Aber wie kann man etwas prüfen, wenn man sich – völlig desillusioniert – nicht traut, große Träume zu träumen, weil man von klein auf blind zitieren kann: „So etwas klappt ja sowieso nicht!"

Haben wir den Mut zu träumen. C. H. Spurgeon sagte: *Wenn der Herr seine Kinder zu überraschen wünscht, braucht er nur ihre Gebete zu erhören.*

Haben wir den Mut, um Großes zu beten. Wünschen nachzuspüren, sie niederzuschreiben, herauszutreten aus dem Hamsterrad unseres ewigen Problemewälzens und wieder befreiende Höhenluft zu schnuppern – auch dazu verhilft uns eine seelische „Traumzeit".

Ich glaube, dass eine Wiederentdeckung dieses Mutes zum Träumen uns helfen könnte, vergrabene Tiefenschichten unserer Seele wieder ans Licht zu holen. Unseren Wünschen nachzuspüren und nach Möglichkeiten zu suchen, sie Wirklichkeit werden zu lassen, könnte uns helfen, uns aus manchen seelischen Tiefs wieder in die Höhe zu schwingen.

Manchmal kommt es mir vor, als verhielten wir uns wie ein Adler, dessen Flügel gestutzt wurden, oder der nie gelernt hat, dass er ein Adler ist und seine Flügel auch tatsächlich gebrauchen kann. Auch wir leben oft unter unseren von Gott gegebenen Möglichkeiten.

Dabei verfügen wir über natürliche und geistliche Gaben. Allerdings sind die oft unentdeckt, und wir lassen sie ungenutzt tief in uns schlummern. Wie sehr sind wir nicht bis zur Meisterschaft darauf gedrillt, unsere tiefe Leidenschaft im Namen der Pflicht zu begraben.

Ich werde nie die Aussage eines Schlagzeugers vergessen, der in einem Workshop in den USA voller Über- zeugung sagte: „I was made to be a drummer!" („Ich bin dazu geschaffen, Schlagzeuger zu sein!")

Träume beflügeln

Gibt es etwas, von dem Sie sagen könnten: „Dazu bin ich geschaffen!"? Wofür schlägt Ihr Herz? Wo werden Sie mit gerade Ihren Gaben gebraucht? Was würden Sie jetzt tun, wenn Sie wüssten, Sie könnten nicht versagen? Was würden Sie tun, wenn Sie wüssten, dass Ihre Lebens- zeit nur noch sehr begrenzt ist? Wofür schlägt Ihr Herz wirklich? In einem Kanon heißt es so treffend: „Gott, weil er groß ist, gibt am Liebsten große Gaben, ach, dass wir Armen nur so kleine Herzen haben."

Während ich diese Zeilen schreibe, muss ich unser Baby aus dem Laufstall holen. Es weint schon eine Weile vor sich hin. Ich tröste es ein bisschen und setze es dann auf den Boden. Nun ist es nicht mehr zu halten. Es robbt sich mit voller „Baby-Stärke" zu seinem anvisierten Ziel auf der anderen Zimmerseite. Alle Traurigkeit ist wie weggeblasen!

Die kleine Begebenheit illustriert mir, worüber ich gerade schreibe: Was es nämlich heißt, unseren Geist aus der niederdrückenden Enge befreien zu lassen und aufzublicken – hin zu einem lohnenden Ziel, das in uns schlummernde Kräfte mobilisiert.

Entdecken auch Sie Ihre Träume! Setzen Sie sich Ziele,

die Sie als lohnend empfinden! Wachsen Sie hinaus über die einengenden Umstände, die uns in unseren Problemen festhalten wollen.

Den Träumen näher kommen

Die eigenen Träume zu kennen, ist ein wichtiger Schritt. Entscheidend ist es nun aber, aus diesen Wünschen und Träumen ganz konkret *machbare*, *messbare* und *motivierende* Ziele zu formulieren (die sogenannten drei „M").

⇨ Notieren Sie sich einige solcher Ziele, deren Verwirklichung Sie motiviert. Und notieren Sie dazu jeweils drei gute Gründe, *warum* Sie dieses oder jenes Ziel erreichen wollen.

Wenn Sie dann auch noch fünf Schritte und Möglichkeiten auflisten, *wie* Sie dieses Ziel in der nächsten Zeit *konkret* angehen und erreichen können, haben Sie gewonnen!

Erst da, wo wir auf uns zugeschnittene, wirklich sinnvolle und motivierende Ziele vor Augen haben, gewinnt unser Leben an Fahrt, bekommt unsere Seele wieder nötigen Aufwind!

Der geniale Physiker Albert Einstein, der oft betonte, dass Vorstellungskraft wichtiger sei als Wissen (Einstein lernte übrigens erst mit drei Jahren sprechen und wurde von der Schule „mangels Intelligenz" nach Hause geschickt!), hat einmal gesagt: *Wenn du ein glückliches Leben willst, verbinde es mit einem Ziel.*

Jesus fragt in Matthäus 20,32 zwei blinde Männer, die ihn um Hilfe bitten: *„Was wollt ihr*, dass ich für euch tun soll?" Gott legt uns Wünsche in unser Herz. Und er *fragt* uns nach diesen Wünschen.

Schwingen Sie sich wieder auf und lassen Sie sich von Träumen und Zielen „beflügeln", mit dem befreiendweiten Horizont vor Augen und der großen Freude über Gottes Möglichkeiten in Ihrem Herzen!

16. Was würde ich jetzt tun, wenn ich, wie durch ein Wunder, mein Problem plötzlich nicht mehr hätte?

17. Welche Chancen und Möglichkeiten sehe ich in meinem Problem?

*18. a) Welchen Traum würde ich in die Tat umsetzen,
wenn ich wüsste, ich könnte nicht versagen?*

_____

_____

_____

_____

*b) Wie könnte ich aus diesem Traum ein machbares,
messbares und motivierendes Ziel formulieren? Ich bre-
che dieses Ziel herunter auf fünf konkrete, machbare
Schritte.*

_____

_____

_____

_____

_____

_____

_____

_____

5. Vom Glauben, der Berge versetzt

Oder: Vom allerersten Spatenstich

> *Lehre mich die Kunst der kleinen Schritte.*
> Antoine de Saint-Exupéry

> *Wenn ihr dies begreift und danach handelt, wird man euch glücklich schätzen.*
> Jesus nach Johannes 13,17

Eine chinesische Fabel erzählt Folgendes: Vor langer Zeit lebte in Nordchina ein alter Mann. Direkt vor seinem Haus ragten zwei Bergspitzen empor, die ihm die freie Sicht versperrten. Eines Tages fasste er den Entschluss: „Diese Berge müssen weg!" Daraufhin rief er seine vier Söhne. Mit größter Entschlossenheit begannen nun alle fleißig, den Berg abzutragen.

Eines Tages kam ein alter graubärtiger Mann vorbei, der in der Gegend als „der weise alte Mann" bekannt war. Er schaute zu, wie alle fünf mit größter Motivation versuchten, die Berge vor dem Haus abzutragen. Daraufhin bemerkte er spöttisch: „Wie dumm von euch! Es ist doch unmöglich für euch fünf, diese beiden hohen Berge aus dem Weg zu schaffen!"

Der als dumm gescholtene Alte erwiderte: „Du siehst hier nur fünf Männer, die versuchen, einen Berg abzutragen. Ich aber habe meiner ganzen Familie diese Aufgabe übertragen! Wenn meine Söhne einmal sterben, werden meine Enkelkinder die Aufgabe übernehmen.

Und so geht es immer weiter! Die Berge werden nicht mehr höher werden, aber mit jedem Spatenstich, den wir tun, werden sie kleiner. Warum sollten wir sie nicht beseitigen können?" Und er fuhr fort, das Erdreich wegzuschaufeln.

Auch wir sehen oft eine große Aufgabe vor uns, haben es aber sehr eilig und wollen möglichst die schnelle Lösung des ganzen Problems. Die meisten Menschen überschätzen, was sie in kurzer Zeit schaffen können, und unterschätzen, was sie auf lange Sicht erreichen können. Wir haben große Visionen, vielleicht sogar den Glauben, der Berge versetzt, aber nicht den Mut zum allerersten Spatenstich. So gehen wir manche unserer seelischen Probleme erst gar nicht an.

Ein chinesisches Sprichwort sagt: „Ein Weg von tausend Meilen beginnt mit einem kleinen Schritt." In den Sprüchen Salomos heißt es: „Geduld zu haben ist besser, als ein Held zu sein" (16,32). Was könnte es bedeuten, diese Weisheiten auch im Umgang mit uns selbst zu beherzigen?

Wir haben uns in den vorangehenden Kapiteln eingehend mit verschiedenen Aspekten unserer Seele beschäftigt. Vielleicht sind uns dabei große oder kleine Dinge wichtig geworden. Es liegt nun an uns, ob wir es bei guten Wünschen oder vagen Vorsätzen belassen oder ob wir den Mut haben zum ersten Schritt in die Zukunft, die wir uns wünschen. Denn dieser Schritt ist jetzt entscheidend. Alles andere kann warten. Der bekannte amerikanische Slogan *„Denke groß"* *(„Think big")* ist für sich genommen eigentlich unvollständig. Weiser müsste er lauten: *„Denke groß, aber fang klein an."*

Klein anfangen

In seelsorgerlichen Kurztherapien hat sich immer mehr die Praxis von sogenannten *Hausaufgaben* durchgesetzt. Vielleicht sträubt sich in Ihnen einiges, wenn Sie das Wort *Hausaufgabe* hören. Nicht selten verbinden wir dieses Wort mit lästigen Pflichtübungen, vielleicht auch mit Überforderung und völliger Unlust. Was aber, wenn Sie nun aufgefordert werden, *sich selbst* eine an Sie und Ihre Bedürfnisse angepasste, machbare und vor allem *motivierende* Hausaufgabe zu stellen?

⇨ Vielleicht ist Ihnen beim Durcharbeiten der bisherigen Reflexions-Fragen eine Idee, Einsicht oder ein Wunsch immer wieder durch den Kopf gegangen. Dann ist jetzt der Zeitpunkt da, sich daraus eine oder maximal zwei konkrete Hausaufgaben schriftlich zu formulieren. Vergessen Sie dabei nicht die drei „M": Ihre Hausaufgabe soll *machbar, messbar und motivierend* sein!

Erst wenn Ihre Auszeit für die Seele ihre Fortsetzung im Alltag findet, hat sie ihr Ziel bei Ihnen erreicht. Bildlich gesprochen: Das Schiff muss den sicheren Hafen auch verlassen, um auf der rauen See seine Seetüchtigkeit zu erproben.

Machen Sie sich dabei die Macht der Gewohnheit zunutze. Es gibt wenige Bereiche in unserem Leben, die so stark über Entwicklungen und Veränderungen entscheiden wie unsere

täglichen und wöchentlichen Gewohnheiten. Das Wort „Ge-wohn-heit" sagt schon aus, dass es um das *Wohnen* geht. Erst da, wo eine Veränderung fest in unser Leben integriert und darin verankert ist, *wohnt* sie bei uns, wird zur Gewohnheit. Wie kann sich die eine Stunde an Oasenzeit für die Seele in den 168 Stunden, die eine Woche hat, bewähren? Vielleicht entwickeln sich daraus völlig neue persönliche Grundregeln – Lebensregeln für die Gestaltung Ihrer inneren und äußeren Welt, für den Umgang mit Ihrem Körper, Ihrer Seele, Ihrem Geist können große Kraft entfalten, Ihr Leben nachhaltig zu verändern.

⇨ Wie wäre es beispielsweise, wenn Sie einmal damit anfingen, Erholungs- und Orientierungszeiten für Ihre Seele regelmäßig einzuplanen?

Wichtig ist, dass Sie sich im Erstellen Ihrer persönlichen Hausaufgabe(n) nicht überfordern. Denken Sie an das Bild des ersten kleinen Spatenstiches!

⇨ Vielleicht können Sie sich für das Durchführen einer Hausaufgabe oder Gewohnheit auch bewusst eine Belohnung in Aussicht stellen (schriftliche Anmerkungen im Kalender haben sich dazu bewährt.).

Haben Sie Mut zu *neuen Schritten*! Das kann unter Umständen manche Ängste auslösen. Wer Neues beginnt, navigiert schließlich dabei in noch unbekannten Gewässern. Leicht sind wir dann versucht, die Reise lieber ganz aufzugeben und in den sicheren Hafen umzukehren.

Ein russisches Sprichwort sagt:

> *Schau der Angst in die Augen, und sie wird dir zuzwinkern!*

Manche unserer Ängste lassen sich am besten dadurch bewältigen, dass wir sie zulassen!

Als das Volk Israel aus der Gefangenschaft in Ägypten floh, stand es vor dem Roten Meer und konnte keinen Zentimeter weiter. Vor ihnen das Meer und hinter ihnen die ägyptischen Verfolger! Was für ein Bild für manche unserer panischen Ängste. Auf das Zeichen von Mose hin und im Vertrauen auf Gott schaute das Volk den Wassermassen, also der Angst, ins Auge und lief mitten hinein. So teilte sich das Meer, die Angst wich von ihnen. Der Weg in die Freiheit tat sich auf (vgl. 2. Mose 14).

Gott sei Dank sind wir in der Regel nicht derartig bedrohlichen Situationen ausgeliefert. Viele unserer schlimmsten Befürchtungen erweisen sich nicht selten als völlig übertrieben.

Mir hat es schon oft geholfen, folgenden Test zu machen: *Vor* einer gefürchteten Aufgabe notiere ich mir, wie hoch vermutlich meine Zufriedenheit sein wird, wenn ich die Aufgabe trotzdem durchführe (in einer Prozentzahl eingeschätzt). Nach Vollendung der Aufgabe mache ich dann den Gegentest und schreibe mir auf, wie erfüllend die Durchführung *tatsächlich* war. Über das Ergebnis bin ich immer wieder völlig verblüfft, denn die zweite Ziffer ist meistens auch nicht annähernd so niedrig wie die erste!

Finden Sie selbst Wege, mit Ihren Ängsten umzugehen und sie in Kräfte zu verwandeln, die das Leben in eine positive Richtung hin verändern.

Manchmal hilft dazu ein Schuss humorvoll-paradoxer Übertreibung. Manch einer verlor beispielsweise seine

Angst davor, in der Öffentlichkeit einen roten Kopf zu bekommen durch etwa folgenden Tipp: *„Versuchen Sie jetzt erst recht, ganz bewusst den allerrötesten Kopf zu bekommen! Nehmen Sie sich vor, dass alle auf dem Marktplatz Sie deswegen anstarren! Alle Augen staunen nun über diese wunderschöne knallrote Tomate!"* Das Ergebnis solcher paradoxer Aufgaben: Das Erröten bleibt auf einmal aus! Das Schmunzeln darüber im Nachhinein ist dafür umso größer! Dieses Vorgehen, die sogenannte. „paradoxe Intention", lässt sich übrigens auf viele übertriebene Ängste anwenden.

Physikalisch ausgedrückt: Die beiden Kräfte *Wille* (humorvoll übertrieben!) und *Angst* heben einander auf.

Seien Sie erfinderisch und entwickeln Sie am besten eine Vorfreude auf die Durchführung Ihrer (motivierend formulierten) Hausaufgabe!

⇨ Denken Sie *groß*, aber fangen sie *klein* an. Konzentrieren Sie sich auf den ersten Schritt und navigieren Sie Ihr Lebensschiff zu neuen Ufern!

19. Welche allerersten Schritte sehe ich, die mein Leben in die Richtung bewegen könnten, die ich mir wünsche? Ich gebe mir eine Hausaufgabe (maximal zwei!).

6. ERMUTIGUNG MIT FOLGEN

Das regelmäßige Atemholen der Seele

> *Sei nun wieder zufrieden, meine Seele; denn der HERR tut dir Gutes!*
>
> PSALM 116,7 (L)

> *Als quälende Sorgen mir Angst machten, hast du mich beruhigt und getröstet.*
>
> PSALM 94,19

In der Schifffahrt ist bekannt, dass es mitunter Seerouten zu bewältigen gilt, auf denen selbst erfahrenste Schiffskapitäne auf Hilfe von außen angewiesen sind. Stürmische Gewässer, das Umschiffen von gefährlichen Klippen, wechselhafte Gezeiten und bedrohliche Strömungen in flachen Küstengewässern machen es erforderlich, dass der Kapitän einen ortskundigen Lotsen an die Seite gestellt bekommt. Der Lotse betritt nun die Brücke des Schiffs und übernimmt für einen entscheidenden Augenblick die Kontrolle der Fahrt. Der erfahrene Lotse steuert das Schiff sicher, selbst in hohem Wellengang und schwierigen Wetterlagen, entlang der berüchtigten Küstenstreifen. Ohne diesen externen Schiffsführer liefe das Schiff Gefahr zu kentern und die ohnehin hohe Zahl der Havarien pro Jahr noch um einen tragischen Untergang zu erhöhen.

Auch uns begegnen auf unserer Lebensfahrt immer wieder Wegstrecken, auf denen wir ohne die Hilfe von außen auf der Strecke blieben. Werden wir dann Gott, dem besten Lotsen für unser Lebensschiff, das Steuer in unserer Kommandozentrale übergeben und ihm vertrauen? Er ist der beste Seelsorger und kennt die Untiefen und Gefährdungen in unserem Leben. In Jesaja 38,17 heißt es: *„Siehe, um Trost war mir sehr bange. Du aber hast dich meiner Seele herzlich angenommen, dass sie nicht verdürbe"(L).*

Wer gelernt hat, gut mit seiner eigenen Seele umzugehen, weiß um die verändernde Kraft des verheißungsorientierten Gebets. Dieses Beten ist das „Atemholen der Seele". Friedrich von Bodelschwingh, der erfahrene Seelsorger, erkennt:

> *Leiden und Loben kann miteinander bestehn, wenn beides zum Gebet wird … Wo liebe Kranke loben und danken können, da kehren die Engel Gottes gerne ein und da wird man auch gesund.*

Ihr Lebensschiff wird durch Stürme und Wellen zwar hin und her geworfen. Aber der stetige Blick auf das Ziel, das betende Anvisieren Ihres Lebenshorizontes, bewahrt Sie davor, *seekrank* bzw. *seelisch* krank zu werden.

⇨ Formulieren Sie Ihr Gebet ruhig einmal schriftlich. Achten Sie darauf, dass es ein *dankbares* und *zuversichtliches* Gebet ist! Gott hat Sie während Ihrer Auszeit für die Seele ermutigt und gestärkt. Sie durften ihm Ihr Herz ausschütten, Ihre tiefsten Gefühle offenbaren. Sie haben ihm Ihre Gedankenwelt geöffnet und dabei manche Klärung erfahren. Es sind womöglich auch überraschende Ursachen für gegenwärtig Belastendes zutage getreten. Doch in allem, was sich da gezeigt hat, auch wenn es Tiefpunkte und Schattenseiten waren, hat Gott Sie gehalten, hat er Sie wieder emporgehoben und „beflügelt" mit neuen Visionen, mit sinnvollen Zukunftsperspektiven – mitten in Ihrer problematischen Situation und doch schon weit darüber hinaus! Ihre Seele kann sich wieder entfalten, erblickt den weiten Horizont und scheut sich doch nicht vor dem ersten kleinen Schritt!

Wir haben einen Gott der Ermutigung. Er ist *Ermutigung in Person*. Danken Sie ihm dafür! Der Psalmbeter ruft: „Mein Herz freut sich, dass du so gerne hilfst" (Psalm 13,6; L).

Und vergessen Sie nicht, dass wir nicht die Endstation seiner Ermutigung sind.

Gott macht aus uns wiederum Ermutiger und Ermutigerinnen für andere. Als von Gott Aufgerichtete können auch wir ermutigen. Mitten in unserem konkreten Umfeld, in Familie, Beruf, im „Schiff, das sich Gemeinde nennt", nicht zuletzt in unseren missionarischen Kontakten, werden wir zu Menschen der Ermutigung – einer Ermutigung, die weite Kreise zieht!

Ein guter Ausklang

Es hat sich bewährt, Auszeiten für Ihre Seele ganzheitlich ausklingen zu lassen. *Gönnen Sie sich etwas, das Ihnen wirklich guttut!* Das kann z. B. ein festliches Essen nach einem abschließenden Spaziergang auf den Waldwegen des von Ihnen gewählten Auszeit-Ortes sein. (Wie im ersten Kapitel erwähnt, ist es ratsam, sich diesen Ort und die Umgebung gut auszusuchen.)

Vielleicht ziehen Sie ein wohltuendes Bad vor oder eine kleine Tour mit dem Fahrrad. Oder Sie gehen Joggen oder Schwimmen (Ausdauersport im Wohlfühl-Tempo hat therapeutische Wirkung!). Vergessen Sie nicht: Gott möchte Ihnen wohltun – an *Leib,* Seele und Geist. Gerade diese „äußeren" Elemente eines guten und bekömmlichen Umgangs mit der eigenen Seele sind es, die wir im Alltag oft vernachlässigen, aber gerade sie wirken sich oft am nachhaltigsten aus.

Planen Sie am Ende Ihrer Auszeit schon den Termin für Ihre nächste! Am einfachsten ist es, wenn diese Zeiten für Ihre Seele zu einem regelmäßigen Termin werden – sei es Ihre wöchentliche Stunde, der Auszeit-Tag oder das dafür reservierte Wochenende im Jahresquartal. Lassen Sie sich nicht entmutigen, wenn manche Elemente Ihrer Auszeit womöglich nicht sofort ihre heilsame Wirkung entfalten. Wichtig ist, dass Sie dranbleiben und den guten und bekömmlichen Umgang mit sich selbst zu einem Teil Ihres Lebensrhythmus' werden lassen!

Sie haben sich mit mir auf eine Entdeckungsreise zu den Schätzen und Abenteuern Ihrer eigenen Seele gewagt. Vielleicht war es Ihre allererste Reise dieser Art. Womöglich sind Sie noch voll von Eindrücken. Oder Sie denken vielleicht bereits an Ihre Rückreise. Befreit und gestärkt, vielleicht auch gespannt auf das Kommende, steuern Sie wieder Ihren Heimathafen an.

Was mag Sie dort erwarten? Auch wenn die Heimatbucht unverändert geblieben ist – wie hat diese Reise *Sie* verändert? Welche *Er-fahr-ungen* nehmen Sie mit an Land? Welche Fundstücke lassen Sie lieber an Bord?

Voller Genugtuung entdecken Sie einen neuen Ankerplatz für Ihre Seele. Gott selbst, der allerbeste Lotse, navigiert Ihr Lebensschiff.

Schauen Sie also zuversichtlich nach vorn! Denn ganz neue Horizonte der Ermutigung sind schon in Sicht!

> *Der unbegreifliche Gott*
> *erfülle dein Leben mit seiner Kraft,*
> *dass du entbehren kannst, ohne hart zu werden,*
> *dass du leiden kannst, ohne zu zerbrechen,*
> *dass du Niederlagen hinnehmen kannst,*
> *ohne dich aufzugeben,*
> *dass du schuldig werden kannst,*
> *ohne dich zu verachten,*
> *dass du mit Unbeantwortbarem leben kannst,*
> *ohne die Hoffnung preiszugeben.*
>
> SABINE NAEGELI

20. *Ich formuliere ein verheißungsorientiertes Gebet:*

_____

_____

_____

_____

21. „Schmeckt und sehet, wie freundlich der Herr ist!"
(Psalm 34,9; L).
*Wie könnte ich meine Auszeit für die Seele ganzheitlich
beschließen? D. h.: Womit könnte ich mir jetzt etwas
Gutes tun – für Leib, Seele und Geist?*